ADONIS,
POËME.

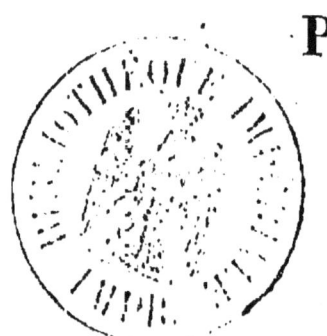

IMPRIMERIE DE JULES DIDOT AINÉ,
IMPRIMEUR DU ROI,
RUE DU PONT-DE-LODI, n° 6.

ADONIS,

POËME

PAR

J. DE LA FONTAINE;

TEL QU'IL FUT PRÉSENTÉ A FOUQUET EN 1658;

PUBLIÉ POUR LA PREMIÈRE FOIS,
D'APRÈS LE MANUSCRIT ORIGINAL,

PAR C. A. WALCKENAER.

A PARIS

CHEZ SIMIER, RELIEUR DU ROI,
ET DE S. A. R. MADAME DUCHESSE DE BERRI,
RUE SAINT-HONORÉ, N° 173.

(JANVIER — 1825.)

AVERTISSEMENT.

Des recherches exactes m'avoient démontré que La Fontaine avoit composé son poëme intitulé *Adonis* bien long-temps avant qu'il l'eût fait imprimer; j'avois découvert que cette charmante production avoit été un des premiers fruits de sa muse encore novice; qu'enfin il l'avoit d'abord dédiée à Fouquet, et la lui avoit présentée en manuscrit vers l'année 1657 ou 1658.

Tous ces faits, que j'ai consignés dans mon Histoire de la vie et des ouvrages de La Fontaine, reçoivent une nouvelle confirmation de la découverte que j'ai faite du manuscrit original de ce poëme que La Fontaine offrit à Fouquet. Ce superbe manuscrit est sur peau de vélin; il est écrit par le fameux Jarry, qui a mis à la fin: *Jarry, Paris. scribebat* 1658; sa reliure est en maroquin rouge, à raies et sablé en or, sur le plat des couvertures, et à compartiments; le nombre des pages est de 38. Le titre est en lettres d'or, et entouré d'une guirlande de feuilles et de fleurs, mêlées avec des écureuils qui faisoient partie des armes de Fouquet. Après ce titre est un dessin de Chauveau à l'encre de la Chine, puis ensuite, sur un seul feuillet, est un grand chiffre en or et en couleur, où se trouvent, je crois, deux L et deux N entrelacées, surmontées d'une couronne de baron. A la fin du manuscrit est encore, sur un feuillet séparé, un grand chiffre en or et en couleur, surmonté d'une couronne de roses, et offrant deux C, deux L, et une M, entrelacées au milieu de deux palmes écartelées en éventail.

J'avois acheté à la vente que M. Chardin fit de ses livres, en février 1823, une copie de ce manuscrit. Elle se trouve décrite de la manière suivante, sous le numéro 1650, p. 154 du catalogue de cette vente :

ADONIS, poëme par J. de La Fontaine, in-fol. br.

Manuscrit sur papier, copié sur le manuscrit original par le célèbre Petitot[1], et présenté par La Fontaine à Fouquet. Ce manu-

[1] Que veut dire ceci? est-ce la copie ou l'original qui est copié par le célèbre Petitot? si c'est l'original, c'est le nom de Jarry qu'il faut substituer à celui de Petitot : si c'est la copie, quel est ce Petitot qu'on dit célèbre? L'écriture de

scrit contient des variantes qui n'existent pas dans les autres copies, et dans les éditions données jusqu'à ce jour. (*Note extraite du catalogue des livres précieux, des manuscrits de cette bibliothèque, imprimé en* 1811.)

Puisque cette note étoit imprimée dès 1811, elle auroit dû mettre sur la voie ceux qui, avant moi, ont publié des notices et des éditions de La Fontaine, mais ils n'y ont fait aucune attention, et il m'étoit réservé de la mettre à profit pour les éditeurs futurs de notre poëte.

J'ai appris que le manuscrit original que j'ai décrit devoit être mis sous peu en vente publique; cela m'a déterminé à livrer à l'impression la copie que je possède, et que j'ai acquise à la vente de M. Chardin, afin que les admirateurs du génie de La Fontaine, auxquels j'ai déja fait connoître plusieurs de ses productions dont on ne soupçonnoit pas l'existence, me fussent aussi redevables du plaisir qu'ils auront de comparer ce premier jet du poëme d'Adonis, avec ce même poëme amélioré par son auteur, et publié par lui onze ans après.

J'ai cru devoir conserver l'orthographe du

cette copie est lisible, mais mauvaise, et ce n'est pas comme calligraphe que ce M. Petitot est devenu célèbre.

manuscrit original, ainsi que l'usage et la raison le veulent pour une première édition. Celle-ci n'a été tirée qu'à cinquante exemplaires.

A MONSEIGNEUR
FOUCQUET,

MINISTRE D'ESTAT,

SUR-INTENDANT DES FINANCES,

ET PROCUREUR GENERAL AU PARLEMENT DE PARIS.

MONSEIGNEUR,

Je n'ay pas assez de vanité pour esperer que ces fruits de ma solitude vous puissent plaire : les plus beaux vergers du Parnasse en produisent peu qui meritent de vous estre offerts. Vostre esprit est doué de tant de lumieres, et fait voir un goust si exquis et si delicat pour tous nos ouvrages, particulierement pour le bel art de celebrer les homes qui vous ressemblent, avec le langage des dieux, que peu de personnes seroient capables de vous satisfaire. Je ne suis pas de ce petit nombre, et je me serois contenté,

Monseigneur, de vous reverer au fond de mon ame, si le zele que j'ay pour vous eût pû souffrir des bornes si étroites, et garder un silence respectueux. Certes, vostre merite nous reduit tous, à la necessité d'un choix bien difficile; il est malaisé de s'en taire, et l'on ne sçauroit en parler assez dignement. Car quand je diray que l'estat ne se peut passer de vos soins, et que les ministres de plus d'un regne n'ont point acquis une experience si consommée que la vostre: quand je diray que vous estimez nos veilles, et que c'est une marque à laquelle on a toûjours reconnu les grands hommes: quand je parleray de vostre generosité sans exemple, de la grandeur de tous vos sentimens, de cette modestie qui nous charme: enfin quand j'avoüeray que vostre esprit est infiniment élevé, et qu'avec cela j'avoüeray encore que vostre ame l'est davantage que vostre esprit, ce seront quelques traits de vous à la verité, mais ce ne sera point ce grand nombre de rares qualitez qui vous fait admirer de tout ce qu'il y a d'honnestes gens dans la France. Et non seulement, Monseigneur, vous attirez leur admiration, vous les contraignez mesme par une douce violence de vous aymer. On ne l'a que trop remarqué pendant cet extrême peril, dont vous ne faites que de sortir: vous sçavez bien qu'ils vous regardent comme le heros destiné pour vaincre la dureté de nostre siecle, et le mépris de tous les beaux arts. Les Muses qui commençoient à se consoler de la mort d'Armand, par l'estime que vous faites d'elles, en vous voyant malade, se voyoient sur le point de perdre encore une fois leurs amours: elles se condamnoient dés-ja à une solitude perpetuelle, et la gloire, avec tous ses charmes, alloit devenir une chose indifferente à ceux d'entre

EPISTRE.

nous qui en ont toûjours esté les plus amoureux. Le ciel nous a guarentis du malheur qui nous menaçoit: agréez, Monseigneur, que je vous en témoigne ma joye, en vous offrant mon dernier ouvrage. Ce sont les amours de Venus et d'Adonis, c'est la fin malheureuse de ce beau chasseur, sur le tombeau duquel on a veu toutes les dames grecques pleurer, et que la divine mere d'amour a regretté pendant tout le temps du paganisme, elle qui n'avoit pas accoustumé de jetter des larmes pour la perte de ses amans. Si la matiere vous en semble assez belle, et que je sois assez heureux pour obtenir quelques momens de vostre loisir, ne jugez pas de moy par le merite de mon ouvrage, mais par le respect avec lequel je suis,

Monseigneur,

Vostre tres humble, et tres obeissant serviteur,

De La Fontaine.

ADONIS,
POËME.

Que l'on n'attende pas que je chante en ces vers,
Rome ny ses enfans vainqueurs de l'univers,
Ny les fameuses tours qu'Hector ne put defendre,
Ny ses membres épars sur les bords du Scamandre,
5 Ces sujets sont trop hauts, et je manque de voix :
Je n'ay jamais chanté que l'ombrage des bois,
Flore, Echo, les Zephirs, et leurs molles haleines,
Le verd tapis des prez, et l'argent des fontaines.
Ce pendant aujourd'huy ma voix veut s'elever :
10 Dans un plus noble champ je me vais éprouver :
D'ornemens précieux ma muse s'est parée :
J'entreprens de chanter l'AMANT de CYTHÉRÉE;
ADONIS, dont la vie eut des charmes si courts,
Qui fut pleuré des Ris, qui fut pleint des Amours.
15 FOUCQUET, l'unique but des faveurs d'Uranie,
Digne objet de nos chants, vaste et noble genie,
Qui seul peux embrasser tant de soins à-la-fois,
Honneur du nom public, defenseur de nos loix,
Toy, dont l'ame s'eleve au dessus du vulgaire,
20 Qui connois les beaux arts, qui sçais ce qui doit plaire,
Et de qui le pouvoir, quoy que peu limité,
Par le rare mérite est encor surmonté;
Voy de bon œil cet œuvre, et consens pour ma gloire
Qu'avec toy l'on le place au temple de memoire.

25 Par toy je me promets un éternel renom :
Mes vers ne mourront point assistez de ton nom.
Ne les dédaigne pas, et ly cette avanture,
Dont pour te divertir j'ay tracé la peinture.

Aux monts idaliens un bois delicieux
30 De ses arbres chenus semble toucher les cieux :
Sous leurs ombrages verds loge la solitude.
Là le jeune Adonis exempt d'inquiétude,
Loin du bruit des citez s'exerçoit à chasser,
Ne croyant pas qu'Amour l'y pust venir blesser.
35 A peine son menton d'un mol duvet s'ombrage,
Qu'aux plus fiers animaux il fait voir son courage.
Ce n'est pas le seul don qu'il ait reçu des cieux ;
Et bien qu'enfant du crime il plaist à tous les yeux.
Cupidon prend chez luy ses plus certaines armes.
40 Ce que Narcisse aymoit n'eut jamais tant de charmes.
Aussi sçait il ranger mille cœurs sous ses loix.
Le bruit de sa beauté sort bien-tost de ces bois.
Dés-ja la Renommée à courir toujours preste,
Monstre qui jusqu'au ciel enfin porte sa teste,
45 Par un charmant récit amusant l'univers,
Va parler d'Adonis à cent peuples divers :
A ceux qui sont sous l'ourse, aux voisins de l'aurore,
Aux filles du Sarmate, aux pucelles du More.
Paphos sur ses autels le voit presque élever ;
50 Et le cœur de Venus ne sçait où se sauver.
Jamais on ne luy vit un tel dessein de plaire :
Rien ne luy semble bien, les Graces ont beau faire.
Enfin s'accompagnant des plus discrets Amours,
Aux monts idaliens elle dresse son cours.

55 Son char qui trace en l'air de longs traits de lumiere,
   A bien-tost achevé l'amoureuse carriere.
   Elle trouve ADONIS qui resve au bruit de l'eau,
   Couché négligemment sur les bords d'un ruisseau :
   Il ne voit presque pas l'onde qu'il considere :
60 Mais l'éclat des beaux yeux qu'on adore en Cythere
   L'a bien-tost retiré d'un penser si profond :
   Cet objet le surprend, l'estonne, et le confond.
   La charmante VENUS d'eclat environnée
   Rend par ces mots le calme à son ame estonnée.
65— Trop aymable mortel ne crain point mon aspect :
   Que de la part d'Amour rien ne te soit suspect :
   Dans ces sombres forêts c'est luy seul qui m'ameine :
   Encor qu'il soit mon fils c'est l'autheur de ma peine :
   Il m'oblige à quiter les cieux où je ne voy
70 Rien de si grand que luy, ny de si beau que moy.
   Pour toy je viens chercher un sejour solitaire,
   Et renonce aux autels à moins que de te plaire.
   Je pourrois employer mon fils, et tous ses traits ;
   Mais je ne veux devoir ton cœur qu'à mes attraits :
75 Tu ne le peux du moins refuser à ma flame.
  — Déesse, répond-il, que j'adore en mon ame,
   Regardez quels honneurs vostre divinité
   Peut exiger de moy dans un bois ecarté.
   Je sçais vostre puissance à Paphos souveraine :
80 Celle de vostre fils sans vous eust esté vaine,
   Et si je n'eusse veu vos celestes attraits,
   J'eusse empesché mon cœur d'estre en butte à ses traits :
   Mais nous est-il permis d'aymer une immortelle.
   Tous les sujets d'amour sont égaux, luy dit-elle,

85 Et mesme la beauté, dont les traits sont si doux,
Est quelque chose encor de plus divin que nous.
Cependant que Venus par ces mots l'encourage,
Il admire son port, sa taille, et son visage :
Leurs yeux qui pour témoins n'ont que les yeux du jour
90 Ne se rencontrent point sans se parler d'amour.
Quelles sont les douceurs qu'en ces bois ils gousterent !
O vous ! de qui les voix jusqu'aux astres monterent,
Quand par vous-mesme instruits de tels ravissemens
Vous chantez les plaisirs goustez par nos amans,
95 Si jamais j'eus besoin des faveurs du Parnasse,
Faites que je réponde à vos chants pleins de grace.
Echo qui ne taist rien vous conta ces amours :
Vous les vistes gravez au fond des antres sourds :
Faites que j'en retrouve au temple de mémoire
100 Les monumens sacrez autheurs de vostre gloire ;
Et que m'estant formé sur vos sçavantes mains,
Cecy puisse passer aux derniers des humains.
Tout ce qui naist de doux en l'amoureux empire,
Quand d'une égale ardeur l'un pour l'autre on soupire,
105 Et que de la contrainte ayant banny les loix,
On se peut asseurer au silence des bois :
Jours devenus momens, momens filez de soye,
Agreables soupirs, pleurs enfans de la joye,
Vœux, sermens, et regards, transports, ravissemens,
110 Mélange dont se fait le bon-heur des amans,
Tout par ce couple heureux fut lors mis en usage.
Tantost ils choisissoient l'épaisseur d'un ombrage :
Là, sous des chênes vieux, où leurs chiffres gravez
Se sont avec les troncs accrus et conservez,

115 Mollement etendus ils consommoient les heures;
Tandis que Philomele en ces sombres demeures
Se plaignoit aux echos, et d'une triste voix
Accusoit de son sort le silence des bois.
Tantost sur des gazons d'herbe tendre et sacrée,
120 Adonis s'endormoit aupres de Citherée,
Qui repaissoit ses yeux des beautez du heros,
Pendant qu'il jouissoit d'un paisible repos.
Bien souvent ils chantoient les douceurs de leurs peines.
Et quelques fois assis sur le bord des fontaines,
125 Tandis que cent cailloux luitans à chaque bond
Suivoient les longs replis du cristal vagabond;
« Voyez, disoit Venus, ces ruisseaux, et leur course;
Ainsi jamais le temps ne remonte à sa source :
En vain à nostre egard il fuit d'un pas leger,
130 Mais vous autres mortels le devez menager;
Et pendant vos beaux jours employer vostre zele.
Souvent pour divertir leur ardeur mutuelle,
Ils dansoient aux chansons de nymphes entourez :
Combien de fois la lune a leurs pas eclairez !
135 Et sur le tendre email d'une verte prairie,
Les a veus à l'envy fouler l'herbe fleurie !
Combien de fois le jour a veu les antres sourds
Complices des larcins qu'ont produit leurs amours !
Mais n'entreprenons pas d'oster le voile sombre
140 De ces plaisirs amis du silence, et de l'ombre.
Il est temps de passer au funeste moment
Où la triste Venus doit quitter son amant.
Du bruit de ses amours Paphos est alarmée.
On dit qu'au fond d'un bois la déesse charmée,

145 Inutile aux mortels, et sans soin de leurs vœux,
Renonce au culte vain de ses temples fameux.
Pour dissiper ce bruit la reyne de Cithére,
Veut quiter pour un temps ce sejour solitaire,
Et faire qu'ADONIS souhaite ses faveurs.
150 Un jour que le heros la voyant toute en pleurs,
Luy dit: « Objet divin dont j'adore les charmes,
Quel ennuy si profond vous oblige à ces larmes !
Vous aurois-je offensée ! ou ne m'aymez vous plus ?
— Ah ! dit-elle, quitez ces soupçons superflus.
155 Vous vous efforceriez en vain de me deplaire :
Ces pleurs naissent d'amour, et non pas de colere :
D'un deplaisir secret mon cœur se sent atteint ;
Il faut que je vous quite, et le Sort m'y contraint.
Il le faut : vous pleurez ! est-ce de mon absence ?
160 Au moins soyez fidelle, ayez de la constance ;
Ne pensez qu'à moy seule, et qu'un indigne choix
Ne vous soûmette point aux nymphes de ces bois :
Leurs fers apres les miens sont pour vous pleins de hont
Sur-tout de vostre sang il me faut rendre compte :
165 Ne chassez point aux ours, aux sangliers, aux lions ;
Gardez-vous d'irriter tous ces monstres felons ;
Fuyez les animaux, qui fiers et pleins de rage
Ne cherchent leur salut qu'en montrant leur courage ;
Et coupables qu'ils sont de cent cruels repas,
170 Ne veulent point mourir qu'en vengeant leur trepas.
Je vous ayme, et ma crainte a d'assez justes causes ;
Il sied bien en amour de craindre toutes choses ;
Si quelque coup fatal vous forçoit à perir,
Que deviendroit VENUS en ne pouvant mourir ? »

175 Là se fondant en pleurs, on voit croistre ses charmes :
Adonis luy repond seulement par des larmes.
Elle ne peut partir de ces aymables lieux ;
Cent humides baisers achevent ses adieux.
O vous ! tristes plaisirs où leur ame se noye,
180 Vains et derniers efforts d'une imparfaite joye,
Momens pour qui le sort rend leurs vœux superflus ;
Delicieux momens, vous ne reviendrez plus.
Adonis voit un char descendre de la nüe ;
Venus en y montant disparoist à sa veü :
185 En vain d'un regard fixe il la suit dans les airs,
Rien ne s'offre à ses yeux que l'horreur des deserts :
Les vents sourds à ses cris renforcent leur haleine :
Tout ce qu'il vient de voir lui semble une ombre vaine :
Il appelle Venus, fait retentir les bois,
190 Et n'entend qu'un echo qui repond à sa voix.
C'est lors que repassant en sa triste memoire
Ce que naguerre il eut de plaisirs, et de gloire,
Il tasche à rappeller ce bon-heur sans pareil ;
Semblable à ces amans trompez par le sommeil,
195 Qui rappellent en vain, pendant la nuit obscure,
Le souvenir confus d'une douce imposture ;
Tel Adonis repense à l'heur qu'il a perdu ;
Il le conte aux forêts, et n'est point entendu ;
Tout ce qui l'environne est exempt de tendresse.
200 Et soit que des douleurs la nuit enchanteresse
Sous les profonds replis d'un voile tenebreux
Cache aux yeux des mortels le sort des malheureux,
Soit que l'astre brillant qui le jour nous envoye
De ceux qui sont heureux ressuscite la joye,

205 Le heros toûjours pleure, et toûjours les zephirs
En volant vers Paphos sont chargés de soûpirs.
La molle oysiveté, la triste solitude,
Poisons dont il nourrit sa noire inquietude,
Le livrent tout entier au cruel souvenir
210 Qui le vient malgré luy sans cesse entretenir.
Enfin pour divertir l'ennuy qui le possede,
La chasse luy semble estre un souverain remede.
Dans ces lieux pleins de paix, seul avecque l'amour,
Ce plaisir occupoit les heros d'alentour.
215 Adonis les assemble, et se plaint de l'outrage
Qu'ont receu ses vergers d'un sanglier plein de rage.
Ce tyran des forêts porte par-tout l'effroy;
Il ne peut rien souffrir de seur autour de soy;
Maint et maint laboureur se plaint à sa famille
220 Que sa dent a detruit l'espoir de la faucille;
L'un craint pour ses vergers, l'autre pour ses guerets;
Il profane les dons de Flore, et de Ceres;
Monstre enorme et cruel, qui souille les fontaines,
Qui fait bruire les monts, qui ravage les plaines,
225 Et sans craindre l'effort des voisins alarmez,
S'appreste à recueillir les grains qu'ils ont semez.
Tascher de le surprendre est tenter l'impossible;
Il habite en un fort, epais, inaccessible :
Tel on voit qu'un brigand fameux et redouté
230 Se cache après ses vols en un antre ecarté,
Fait des champs d'alentour de vastes cimetieres,
Ravage impunement des provinces entieres,
Laisse gronder les loix, se rit de leur courroux,
Et ne craint point la mort qu'il porte au sein de tous.

235 L'epaisseur des forêts le derobe aux supplices.
C'est ainsi que le monstre a ces bois pour complices :
Mais le moment fatal est enfin arrivé,
Où malgré sa fureur en son sang abreuvé
Des degâts qu'il a faits, il va payer l'usure ;
240 Helas ! que cherement il vendra sa blessure !
Un matin, que l'aurore au teint frais, et riant,
A peine avoit ouvert les portes d'orient,
La jeunesse voisine autour du bois s'assemble :
Jamais tant de heros ne s'estoient veus ensemble.
245 Antenor, le premier sort des bras du sommeil,
Et vient au rendé-vous attendre le soleil.
La déesse des bois n'est point si matinale ;
Cent fois il a surpris l'amante de Cephale,
Et sa plaintive epouse a maudit mille fois
250 Les veneurs, et les chiens, le gibier et les bois.
Il est bien-tost suivi du pompeux Alcamene,
Dont le long attirail couvre toute la plaine :
C'est en vain que ses gens se sont chargez de rets ;
Leur nombre est assez grand pour ceindre les forêts.
255 On y voit arriver Bronte au cœur indomptable,
Et le vieillard Capis, chasseur infatigable ;
Qui depuis son jeune âge, ayant suivy les bois,
Rend, et chiens et veneurs attentifs à sa voix.
Si le jeune ADONIS l'eust aussi voulu croire,
260 Il n'auroit pas si tost traversé l'onde noire :
Comment l'auroit-il creu, puis qu'en vain ses amours
L'avoient sollicité d'avoir soin de ses jours !
Par le beau Callion la troupe est augmentée :
Gilippe vient apres, fils du riche Acantée :

265 Le premier pour tous biens n'a que les dons du corps,
L'autre pour tous appas possede des tresors :
Tous deux aymcnt Cloris, et Cloris n'ayme qu'elle ;
Ils sont pourtant parez des faveurs de la belle.
Phlegre accourt, et Mimas, Palmire aux blons cheveux,
270 Le robuste Crantor aux bras durs, et nerveux,
Le Lycien Telame, Agenor de Carie,
Le vaillant Tiptoleme honneur de la Syrie,
Paphe expert à luiter, Mopse à lancer le dard,
Lycaste, Palemon, Glauque, Hylus, Amilcar ;
275 Cent autres que je tais, troupe epaisse, et confuse :
Mais peut-on oublier la charmante Aretuse ?
Aretuse au teint vif, aux yeux doux et perçans,
Qui pour le blond Palmire a des feux innocens.
On ne l'instruisit point à manier la laine ;
280 Courir dans les forêts, suivre un cerf dans la plaine ;
Ce furent ses plaisirs, heureuse si son cœur
Eust pû se rendre exempt d'amour comme de peur !
On la voit arriver sur un cheval superbe,
Dont à peine les pas sont imprimez sur l'herbe ;
285 D'une charge si belle il semble glorieux :
Et comme elle ADONIS attire tous les yeux :
D'une fatale ardeur dés-ja son front s'allume,
Il marche avec un air plus fier que de coustume :
Tel autrefois marchoit de son double vallon
290 Contre un vaste serpent, le divin Apollon.
Par l'ordre de Capis la troupe se partage ;
De tant de gens epars le nombreux equipage,
Leurs cris, l'aboy des chiens, les cors mêlez de voix
Annoncent l'epouvante aux hostes de ces bois.

POEME.

295 Le ciel en retentit, les echos se confondent;
De leurs palais voûtez tous ensemble ils repondent:
Les cerfs au moindre bruit à se sauver si prompts,
Les timides troupeaux des dains aux larges fronts,
Sont contraints de quiter leurs demeures secretes;
300 Le bois n'a plus pour eux d'assez sombres retraites.
On court dans les sentiers, on traverse les forts,
Chacun pour les percer redouble ses efforts.
Au fond du bois croupit une eau dormante et sale,
Là le monstre se paist des vapeurs qu'elle exhale,
305 Il s'y veautre sans cesse, et cherit un sejour
Jusqu'alors ignoré des mortels, et du jour:
On ne l'en peut chasser; du soucy de sa vie
Bien plus à sa valeur qu'à sa fuite il se fie;
Les cors ont beau sonner, l'air a beau retentir,
310 Rien ne scauroit encor l'obliger à partir.
Cependant les destins hastent sa derniere heure:
Driape au sage nez evente sa demeure;
Les autres chiens par elle aussi-tost avertis
Repondent à sa voix, frapent l'air de leurs cris,
315 Entraînent les chasseurs, abandonnent leur queste,
Toute la meute accourt, et vient lancer la beste,
S'anime en la voyant, redouble son ardeur;
Mais le fin animal n'a point encor de peur.
Le coursier d'Adonis né sur les bords du Xanthe
320 Ne peut plus retenir son ardeur violente;
Une jument d'Ida l'engendra d'un des Vents;
Les forêts l'ont nourri pendant ses premiers ans;
Il ne craint point des monts les puissantes barrieres,
Ny l'aspect etonnant des profondes rivieres,

325 Ny le panchant affreux des rocs, et des vallons ;
D'haleine en le suivant manquent les Aquilons.
Adonis le retient pour mieux suivre la chasse.
Enfin le monstre est joint par deux chiens dont la race
Vient du viste Lelaps, qui fut l'unique prix
330 Des larmes dont Cephale appaisa sa Procris ;
Ces deux chiens sont Melampe, et l'ardente Sylvage ;
Leur sort fut different, mais non pas leur courage ;
Par l'homicide dent Melampe est mis à mort,
Sylvage au poil de tygre attendoit mesme sort,
335 Lors que l'un des chasseurs se presente à la beste ;
Sur luy tourne aussi-tost l'effort de la tempeste ;
Il connoît, mais trop tard, qu'il s'est trop avancé ;
Son visage pâlit, son sang devient glacé ;
L'image du trepas en ses yeux est empreinte ;
340 Sur le teint des mourans la mort n'est pas mieux peinte
Sa peur est pourtant vaine, et sans estre blessé,
Du monstre qui le heurte il se voit terrassé.
Nisus ayant cherché son salut sur un arbre,
Contemple ce chasseur ettendu comme un marbre ;
345 Mais luy-mesme a sujet de trembler à son tour,
Le sanglier coupe l'arbre, et les lieux d'alentour
Resonnent du fracas dont sa cheute est suivie ;
Nisus encor en l'air fait des vœux pour sa vie.
Conterai-je en detail tant de puissans efforts ?
350 Des chiens et des chasseurs les differentes morts ?
Leurs exploits avec eux cachez sous l'ombre noire ?
Seules vous les sçavez, ô filles de memoire !
Venez donc m'inspirer, et conduisant ma voix,
Faites-moy dignement celebrer ces exploits.

355 Deux lices d'Antenor, Lycoris et Niphale
Veulent qu'aux yeux de tous leur ardeur se signale :
Le vieux Capis luy-mesme eut soin de les dresser;
Au sanglier l'une et l'autre est preste à se lancer,
Un mâtin les devance, et se jette en leur place;
360 C'est Phlegon, qui souvent aux loups donne la chasse;
Armé d'un fort collier qu'on a garny de cloux,
A l'oreille du monstre il s'attache en courroux;
Mais il sent aussi-tost le redoutable yvoire;
Ses flancs sont decousus; et pour comble de gloire
365 Il combat en mourant, et ne veut point lâcher
L'endroit où sur le monstre il vient de s'attacher.
Ce pendant l'animal passe à d'autres trophées :
Combien voit-on sous luy de trames etoufées!
Combien en coupe-t-il! que d'hommes terrassez!
370 Que de chiens abbatus, mourans, morts, et blessez!
Cheveaux, arbres, chasseurs, tout eprouve sa rage.
Tel passe un tourbillon, messager de l'orage;
Telle descend la foudre, et d'un soudain fracas
Brise, brûle, detruit, met les rochers à bas.
375 Crantor d'un bras nerveux lance un dard à la beste;
Elle en fremit de rage, ecume, et tourne teste,
Et son poil herissé semble de toutes parts
Presenter au chasseur une forest de dards :
Il n'en a point pourtant le cœur touché de crainte.
380 Par deux fois du sanglier il evite l'atteinte;
Deux fois le monstre passe, et ne brise en passant
Que l'epieu dont Crantor arme son bras puissant;
La fuite en cet instant luy devient inutile;
Dans les lieux d'alentour il ne voit point d'azile;

385 En vain du coup fatal il veut se detourner;
Ne pouvant que mourir, il meurt sans s'etonner.
Pour punir l'animal toute la troupe approche :
L'un luy presente un dard, l'autre un trait luy decoche
Le fer ou se rebouche, ou ne fait qu'entamer
390 Sa peau que d'un poil dur le ciel voulut armer :
Il se lance aux epieux, il previent leur atteinte;
Plus le peril est grand, moins il montre de crainte.
C'est ainsi qu'un guerrier, pressé de toutes parts,
Ne songe qu'à perir au milieu des hasards :
395 De soldats entassez son bras jonche la terre;
Il semble qu'en luy seul se termine la guerre;
Certain de succomber il fait pourtant effort,
Non pour ne point mourir, mais pour venger sa mort.
Tel et plus fier encor l'animal se presente;
400 Plus le nombre s'accroist, plus sa fureur s'augmente;
L'un a les flancs ouverts, l'autre les reins rompus;
Il mâche et foule aux pieds ceux qui sont abatus.
La troupe des chasseurs en devient moins hardie;
L'ardeur qu'ils temoignoient est bientost refroidie :
405 Palmire toutefois s'avance malgré tous;
Ce n'est pas du sanglier que son cœur craint les coups,
Aretuse luy fut jadis plus redoutable;
Jadis sourde à ses vœux, mais alors favorable,
Elle voit son amant poussé d'un beau desir,
410 Et le voit avec crainte, autant qu'avec plaisir.
Quoy! mes bras, luy dit-il, sont animez des vostres,
Et vous me verriez fuir aussi bien que les autres!
Non, non! pour redouter le monstre, et son effort,
Vos yeux m'ont trop appris à mepriser la mort.

420 Il dit, et ce fut tout; l'effet suit la parole :
Il ne va pas au monstre, il y court, il y vole,
Tourne de tous costez, esquive en l'approchant,
Hausse le bras vengeur, et d'un glaive tranchant
S'efforce de punir le monstre de ses crimes;
425 Sa dent alloit d'un coup s'immoler deux victimes;
L'une eust senty le mal que l'autre en eust receu,
Si son cruel espoir n'eût point esté deceu :
Entre Palmire et luy l'amazone se lance;
Palmire en est surpris, et court à sa defense;
430 Le sanglier ne sçait plus sur qui d'eux se vanger;
Toutefois à Palmire il porte un coup leger,
Leger pour le heros, profond pour son amante :
On l'emporte, elle suit toute pâle et tremblante;
Le coup rompt un artere, et dés-ja les esprits
435 En foule avec le sang de leurs prisons sortis
Laissent faire à ses sens un effort inutile;
Il devient aussi-tost pâle, froid, immobile,
Sa raison n'agit plus, son œil se sent voiler,
Heureux s'il pouvoit voir les pleurs qu'il fait couler.
440 La moitié des chasseurs à le plaindre employée
Suit la triste Aretuse en ses larmes noyée.
Non loin de cet endroit un ruisseau fait son cours;
ADONIS s'y repose apres mille détours :
Les Nymphes, de qui l'œil voit les choses futures,
445 L'avoient fait egarer en des routes obscures :
Le son des cors se perd par un charme inconnu;
C'est en vain que leur bruit à ses sens est venu :
Ne sçachant où porter sa course vagabonde,
Il s'arreste en passant au cristal de cette onde.

450 Mais les Nymphes ont beau s'opposer aux destins,
Contre un ordre fatal tous leurs charmes sont vains :
ADONIS en ce lieu voit Palmire qu'on porte ;
Sa colere en devient plus ardante et plus forte :
A tarder plus long-temps on ne peut l'obliger ;
455 Il regarde la gloire, et non pas le danger.
Il part, se fait guider, rencontre le carnage :
Cependant le sanglier s'estoit fait un passage,
Et courant vers son fort, il se lançoit par fois
Aux chiens qui dans le ciel poussoient de vains abois.
460 On ne l'ose approcher ; tous les traits qu'on luy lance
Estant poussez de loin perdent leur violence.
Le heros seul s'avance, et craint peu son courroux :
Mais Capis l'arrestant, s'ecrie, « Où courez vous ?
Quelle bouillante ardeur au peril vous engage ?
465 Il est besoin de ruse, et non pas de courage ;
N'avancez pas, fuyez il vient à vous, ô dieux ! »
ADONIS sans repondre au ciel leve les yeux ;
« Déesse, ce dit-il, qu'adore ma pensée,
Si je cours au peril n'en sois point offensée,
470 Guide plûtost mon bras, redouble son effort,
Fay que ce trait lancé donne au monstre la mort : »
A ces mots, dans les airs le trait se fait entendre.
A l'endroit où le monstre a la peau la plus tendre
Il en reçoit le coup, se sent ouvrir les flancs ;
475 De rage et de douleur fremit, grince les dents,
Rappelle sa fureur, et court à la vengeance :
Plein d'ardeur et leger ADONIS le devance ;
On craint pour le heros, mais il sçait eviter
Les coups qu'à cet abord la dent luy veut porter :

480 Tout ce que peut l'adresse estant jointe au courage,
Ce que pour se venger tente l'aveugle rage,
Se fit lors aux chasseurs remarquer des deux parts;
Tous ensemble au sanglier voudroient lancer leurs dards;
Mais peut-estre ADONIS en recevroit l'atteinte.
485 Du cruel animal ayant chassé la crainte,
En foule ils courent tous droit aux fiers assaillans.
Courez, courez chasseurs un peu trop tard vaillans,
Detournez de vos noms un eternel reproche,
Vos efforts sont trop lents, dés-ja le coup approche;
490 Que n'en ay-je oublié les funestes momens!
Pourquoy n'ont pas peri ces tristes monumens!
Faut-il qu'à nos nepveux j'en raconte l'histoire!
Enfin, de ces forêts l'ornement et la gloire,
Le plus beau des mortels, l'amour de tous les yeux,
495 Par le vouloir du Sort ensanglante ces lieux:
Le cruel animal s'enferre dans ses armes,
Et d'un coup aussi-tost il detruit mille charmes.
Ses derniers attentats ne sont pas impunis;
Il sent son cœur percé de l'epieu d'ADONIS;
500 Et luy poussant au flanc sa defense cruelle
Meurt, et porte en mourant une atteinte mortelle.
D'un sang impur et noir il purge l'univers,
Ses yeux d'un somme dur sont pressez et couverts,
Il demeure plongé dans la nuit la plus noire:
505 Et le vainqueur à peine a connu sa victoire,
Joüy de la vengeance, et gousté ses transports,
Qu'il sent un froid demon s'emparer de son corps;
De ses yeux si brillans la lumière est esteinte,
On ne void plus l'eclat dont sa bouche estoit peinte,

510 On n'en voit que les traits, et l'aveugle trepas
Parcourt tous les endroits où regnoient tant d'appas.
Ainsi l'honneur des prez, les fleurs, present de Flore,
Filles du blond Soleil et des pleurs de l'Aurore,
Si la faulx les atteint, perdent en un moment
515 De leurs vives couleurs le plus rare ornement.
La troupe des chasseurs au heros accourüe
Par des cris redoublez lui fait ouvrir la veüe;
Il cherche encor un coup la lumiere des cieux,
Il pousse un long soûpir, il referme les yeux,
520 Et le dernier moment que tarde sa belle ame
S'employe au souvenir de l'objet qui l'enflame;
On fait pour l'arrester des efforts superflus,
Elle s'envole aux airs, le corps ne la sent plus.
Prestez-moy des soûpirs, ô Vents qui sur vos aisles
525 Portastes à Venus de si tristes nouvelles.
Elle accourt aussi-tost, et voyant son amant
Remplit les environs d'un vain gemissement.
Telle sur un ormeau se plaint la tourterelle,
Quand l'adroit giboyeur a, d'une main cruelle,
530 Fait mourir à ses yeux l'objet de ses amours;
Elle passe à gemir et les nuits, et les jours,
De moment en moment renouvelant sa plainte,
Sans que d'aucun remords la Parque soit atteinte;
Tout ce bruit, quoy que juste, au vent est repandu,
535 L'enfer ne luy rend point le bien qu'elle a perdu;
On ne le peut flechir: les cris dont il est cause
Ne font point qu'à nos vœux il rende quelque chose.
Venus l'implore en vain par de tristes accens,
Son desespoir eclate en regrets impuissans,

540 Ses cheveux sont epars, ses yeux noyez de larmes,
Sous d'humides torrens ils resserrent leurs charmes ;
Comme on voit au printemps les beautez du soleil
Cacher sous des vapeurs leur eclat sans pareil.
Apres mille sanglots enfin elle s'ecrie :
545 « Mon amour n'a donc pû te faire aymer la vie !
Tu me quites, cruel ! au moins ouvre les yeux ;
Montre-toy plus sensible à mes tristes adieux ;
Voy de quelles douleurs ton amante est atteinte ;
Helas ! j'ay beau crier, il est sourd à ma plainte,
550 Le cruel ne veut pas seulement m'ecouter ;
Mes pleurs ny mes soûpirs ne peuvent l'arrester.
Encor si je pouvois le suivre en ces lieux sombres !
Que ne m'est-il permis d'errer parmy les ombres !
Mais l'enfer à mes yeux se cache vainement,
555 Je le trouve par-tout où n'est point mon amant ;
Destins qui me l'ostez que vos loix sont barbares !
Avez-vous pû toucher à des tresors si rares !
Et puisque vous vouliez le voir si tost perir,
Falloit-il m'obliger à ne jamais mourir !
560 Malheureuse Venus ! que te servent ces larmes !
Vante-toy maintenant du pouvoir de tes charmes,
Ils n'ont pû du trepas exempter tes amours ;
Tu vois qu'il n'ont pû mesme en prolonger les jours.
Je ne demandois pas que la Parque cruelle
565 Prist à filer leur trame une peine eternelle ;
Bien loin que mon pouvoir l'empêchast de finir,
Je demande un moment, et ne puis l'obtenir.
Noires divinitez du tenebreux empire,
Dont le pouvoir s'etend sur tout ce qui respire,

570 Roy des peuples legers soufrez que mon amant
De son triste depart me console un moment;
Vous ne le perdrez point; le tresor que je pleure
Ornera tost ou tard vostre sombre demeure;
Je sçais que l'Acheron de nos plaisirs jaloux
575 Ne fait que nous prester les biens qui sont à nous;
Ses eaux assez long-temps verront cette belle ombre;
Que peut faire un moment sur des siecles sans nombre?
Quoy! vous me refusez un present si leger?
Cruels, souvenez-vous qu'Amour m'en peut venger.
580 Et vous, antres cachez, favorables retraites,
Où nos cœurs ont gousté des douceurs si secretes,
Grottes qui tant de fois avez veu mon amant
Me raconter des yeux son fidelle tourment,
Lieux amis du repos, demeures solitaires,
585 Qui d'un tresor si rare estiez depositaires,
Representez-le-moy, deviez-vous avec luy
Nourrir chez vous le monstre autheur de mon ennuy?
Vous ne repondez point! adieu donc, ô belle ame,
Emporte chez les morts ce baiser tout de flame,
590 Je ne te verray plus, adieu cher ADONIS. »
Ainsi VENUS cessa. Les rochers à ses cris
Quitant leur dureté repandirent des larmes;
Zephire en soûpira, le jour voila ses charmes;
D'un pas precipité sous les eaux il s'enfuit,
595 Et laissa dans ces lieux une profonde nuit.

FIN.

www.ingramcontent.com/pod-product-compliance
Lightning Source LLC
Chambersburg PA
CBHW060552050426
42451CB00011B/1874